EL ARTE DE ORAR Y APRENDER A ORAR

CLAVES PARA CATEQUISTAS

Secretariados de Catequesis
de Galicia

Dirección editorial
Francisco Javier Navarro

Coordinación editorial
Mario González Jurado

Edición
Herminio Otero

Diseño
Antonia Rivero

Maquetación
MT Color & Diseño

Fotografías
Archivo SM; iStock; Shutterstock

Elaboración
Francisco Manuel Enríquez Pérez

Autores
Juan Andión Marán
Francisco Manuel Enríquez Pérez
Eugenio González Domínguez
Alberto Leiva Torreiro
Miguel López Varela
Carlos Miranda Trevín
Gonzalo Otero Martínez
Luis Otero Outes
Manuel Rodicio Pozo
José Vidal Novoa

© Secretariados de Catequesis de Galicia
© PPC 2024
Parque empresarial Prado del Espino
Impresores, 2
28660 Boadilla del Monte (Madrid)
ppcedit@ppc-editorial.com
www.ppc-editorial.es

ISBN: 978-84-288-4221-1
Depósito legal: M-21252-2024
Impreso en la UE / *Printed in EU*

ÍNDICE

PRESENTACIÓN

Aprender y enseñar a orar

El papa Francisco convocó a toda la Iglesia a dedicar a la oración el año 2024, anterior al Jubileo 2025. Los **Secretariados de Catequesis de Galicia** acogen con alegría y responsabilidad esta llamada y desean aportar su granito de arena para que la oración sea «la brújula que orienta, la luz que ilumina el camino y la fuerza que sostiene en la peregrinación que conducirá a cruzar la Puerta Santa».

Como creyentes, queremos de verdad «sumergirnos con la oración, en un diálogo continuo con el Creador, descubriendo la alegría del silencio, la paz del abandono y la fuerza de la intercesión en la comunión de los santos».

Como catequistas, sentimos la urgencia de ayudar a vivir y saborear la belleza del diálogo con Dios, en el que –en palabras del papa Francisco– el orante «no solo habla a Dios, sino que aprende también a escucharlo», en el que cada uno de nosotros «descubrimos cuánto somos amados por Dios» y encontramos «respuestas a la luz de su presencia silenciosa», «esperanza y fuerza para vivir la jornada».

Es un reto continuo para nosotros ofrecer a los educadores de la fe orientaciones adecuadas para «enseñar a orar». Pero hoy lo asumimos con sentido de novedad; ponemos a punto nuestra creatividad para que la oración sea de verdad «el respiro de la vida», «el puente entre el cielo y la tierra, un lugar de encuentro donde el corazón del hombre y el corazón de Dios se encuentran en un diálogo de amor incesante», citando palabras del papa Francisco.

A través de estas páginas ofrecemos una ayuda sencilla a nuestras comunidades, para que este año sea:

- Un año para descubrir la dimensión orante de la vida cristiana.
- Un año para aprender a orar y aprender a enseñar a orar.

Para ello seguimos el **itinerario** marcado por el *Directorio para la catequesis* (*cf.* 136-150) para la formación de catequistas y el contenido del *Catecismo de la Iglesia Católica (CEC)* sobre la oración:

1. **«Ser»** del catequista: un **orante**.
2. **«Saber»** del catequista: un **conocedor** del significado de la oración cristiana y del arte de enseñar a orar.
3. **«Saber hacer»** del catequista: un **educador** capaz de programar y realizar procesos de iniciación en la oración.
4. **«Saber hacer con»** del catequista: un **mediador** que enseña a orar en la Iglesia y con la Iglesia.

Confiamos en que estas propuestas sean una aportación a esa «grande sinfonía de oración» a la que el Papa invita a toda la Iglesia. Nos anima la convicción profunda de que «donde hay oración, hay comunión; y donde hay comunión, hay oración».

Secretariados de Catequesis de Galicia

«ORAR SIEMPRE, SIN DESFALLECER»

El catequista es ante todo un creyente y, como tal, vive en compañía de su Señor, le siente cercano en todo tiempo y lugar, y su presencia le llena de paz y alegría.

1 Mi trato diario con el Señor

Todos tenemos la experiencia de tratar a Dios en la oración; a Él nos dirigimos con frecuencia y le hablamos de nuestras preocupaciones.

Experiencia de un catequista de niños sobre la oración

«Como el niño juega sereno bajo la tierna mirada de sus padres, duerme seguro en sus brazos, escucha embobado su voz cariñosa, se agarra con fuerza a su mano tendida, corre feliz para fundirse en besos y abrazos con ellos... porque sabe que le quieren, le aceptan de forma incondicional, se alegran de que exista y le cuidan como a la niña de sus ojos..., así me siento yo ante Dios: como un niño seguro y feliz, rodeado de cariño y atenciones».

Para nuestra reflexión personal y el trabajo en grupo

▶ *Califico esta experiencia con uno o más de los siguientes calificativos y manifiesto por qué:*

Admirable	Ideal	Inalcanzable	Correcta	Extremista
Discutible	Equivocada	Deseable	Normal	Original

▶ *Confrontamos con este testimonio nuestra experiencia personal: ¿Cómo son nuestras vivencias de la oración?*

Orar significa sentir la presencia cariñosa de Dios, su amor sin medida, como una cálida atmósfera que nos envuelve. Debiera ser algo continuo e ininterrumpido: «Es necesario acordarse de Dios más a menudo que de respirar» (*CEC* 2697).

Para alcanzar ese nivel, es necesario seguir esta indicación del *Catecismo*:

«No se puede orar "en todo tiempo" si no se ora, con particular dedicación, en algunos momentos: son los tiempos fuertes de la oración cristiana, en intensidad y en duración» (*CEC* 2697).

▶ *Respecto al tiempo dedicado a la oración: ¿Es en el momento adecuado? ¿Me parece suficiente? ¿La voy aplazando hasta última hora?*

▶ *Respecto a la calidad de mi oración: ¿Cómo estoy de satisfecho? ¿Es un momento de conversación espontánea con Dios? ¿La hago de prisa y corriendo? ¿Trato de centrarme pero me distraigo mucho? ¿Depende del humor del momento? ¿Oro con frases hechas o con mis propias palabras?*

2 Mi oración como creyente

La definición de oración dada por santa Teresa sigue siendo actual y expresiva: «Tratar de amistad, estando muchas veces a solas con quien sabemos nos ama» (*cf. CEC* 2709).

Para los cristianos, el Dios que nos ama es una singular familia: La Santísima Trinidad. Por eso afirmamos:

> «La oración es la relación viva de los hijos de Dios con su Padre infinitamente bueno, con su Hijo Jesucristo y con el Espíritu Santo" (*CEC* 2565).

▶ *¿A quién dirigimos con preferencia nuestra oración: al Padre, al Hijo, al Espíritu Santo? ¿A la Virgen María, a algún santo?*

1. COMUNIÓN CON MI PADRE Y CREADOR

Podemos llamarle a Dios «Padre» y sentirnos ante Él como hijos suyos muy queridos. Esto nos produce «seguridad alegre, audacia humilde, certeza de ser amado» (*CEC* 2778). Ese cariño es como el sol que nos alumbra.

En el trabajo y en el descanso, en la soledad y la compañía, en el cansancio y la euforia, experimentamos el calor de su presencia confortante.

Nuestra oración a Dios Padre es...

◇ Vivir en íntimo diálogo, en comunión con Él.

◇ Escuchar su voz silenciosa y sugerente.

◇ Identificarse con sus designios y proyectos.

◇ Conectarse con la fuente del ser y de la vida.

◇ Sentirse amado de modo incondicional.

◇ Alabarle, darle gracias por su bondad infinita.

◇ Pedirle perdón por no corresponder a su amor.

◇ Suplicar con insistencia su ayuda generosa.

▶ *¿Cómo es mi oración a Dios Padre? Señalo un orden de frecuencia a partir de la que más uso hasta la que menos.*

Diálogo	Escucha	Identificación	Conexión
Amor	Alabanza	Arrepentimiento	Súplica

Disposiciones para orar a nuestro Padre (*cf. CEC 2784-2785*)

❖ «Acordarnos, cuando llamemos a Dios "Padre nuestro", de que debemos comportarnos como hijos de Dios».

❖ «(Tener) un corazón humilde y confiado que nos hace volver a ser como niños; porque es a "los pequeños" a los que el Padre se revela».

❖ «Hablar con Dios como con su propio Padre, muy familiarmente, en una ternura de piedad en verdad entrañable» .

❖ «(Confiar en) obtener lo que vamos a pedir. [...] ¿Qué puede Él, en efecto, negar a la oración de sus hijos, cuando ya previamente les ha permitido ser sus hijos?»

▶ *Elegimos dos frases: la que más significativa y expresiva para mí, y la que más necesito poner en práctica.*

2. COMUNIÓN CON JESÚS, MI AMIGO Y SALVADOR

Nos dirigimos a Jesús con la confianza y espontaneidad de un amigo y confidente, para compartir con él las experiencias diarias. En nuestro diálogo con él percibimos que sana las heridas, fortalece la debilidad, comprende las flaquezas, perdona los pecados, tiende su mano al caído, renueva y plenifica a la persona.

Nuestra oración a Jesús es...

◇ Conversación sincera y amigable.

◇ Acogida gozosa de la amistad que nos ofrece.

◇ Entrega de nuestra persona en respuesta a su amistad.

◇ Aprendizaje de la oración que agrada al Padre.

◇ Confianza inquebrantable en que somos escuchados.

◇ Mirada al Maestro y modelo de nuestra oración.

◇ Contemplación de Jesús orando al Padre.

▶ *¿Qué cualidades tiene nuestro diálogo con Jesús? Señalo del 1 al 10 y veo en qué aspecto necesito mejorar:*

Coloquial ☐ **Amigable** ☐ **Entregado** ☐ **Gozoso** ☐ **Confiado** ☐ **Sincero** ☐ **Comprometido** ☐

Jesús, enséñanos a orar...

◇ «Intercede por nosotros ante el Padre» (*cf. CEC 2747, 2749*).

- ◇ «Enséñanos "la oración filial que el Padre esperaba de sus hijos" y que tú has vivido día a día en este mundo» (*cf. CEC* 2599).
- ◇ «Ora, tú, en nosotros como Cabeza del cuerpo del que somos miembros» (*cf. CEC* 2616).
- ◇ Haz que «imitemos en la oración "la entrega humilde y confiada de tu voluntad humana" (*CEC* 2600) a la voluntad, a los designios y proyectos de Dios Padre».

▶ *Según esto, ¿qué diríamos a una persona que pide a Jesús continuamente que le ayude a hacer realidad sus sueños y deseos personales?*

3. COMUNIÓN CON EL ESPÍRITU, MI ALIENTO Y TRANSFORMADOR

Nadie puede acercarse a Dios si no es atraído por el Espíritu. La oración es un regalo que se acoge, una posibilidad que nos viene de lo alto. Para aprender a orar es necesario Alguien que nos lleve de la mano, nos guíe y nos capacite: el Espíritu Santo, que ilumina nuestra mente y nos cambia el corazón.

Nuestra oración al Espíritu Santo es súplica ardiente

- ✓ «Enséñame, anímame, impúlsame a orar como Jesús».
- ✓ «Purifícame, libérame de aquello que dificulta mi oración».
- ✓ «Mantén despierta mi atención y concentrada mi mente».
- ✓ «Abre mis oídos para escuchar, ilumina mi inteligencia para entender lo que Dios quiera comunicarme».
- ✓ «Inflama mi corazón para amarle, para entregarle mi vida y mi ser».
- ✓ «Fortaléceme para realizar lo que me has inspirado en la oración».

Nuestra oración al Espíritu Santo es acogida de su luz y de su fuerza

- ✓ Quiero estar disponible a la acción del Espíritu Santo que «nos une a la persona del Hijo único» (*CEC* 2673), «nos hace partícipes de la oración de Jesús» (*CEC* 2717), «nos atrae al camino de la oración, nos enseña a orar» (*cf. CEC* 2670).
- ✓ Proclamo que «el Espíritu Santo, cuya unción impregna todo nuestro ser, es el Maestro interior de la oración cristiana» (*CEC* 2672).
- ✓ Afirmo con gratitud y alegría que, como bautizado y confirmado, puedo invocar a Dios como Padre «porque el sello de la Unción del Espíritu Santo ha sido grabado indeleble en mi corazón, en mis oídos, en mis labios, en todo mi ser filial» (*cf. CEC* 2769).

▶ *Con ayuda de los textos anteriores, explico por qué el Espíritu Santo, respecto a la oración, actúa en nosotros como...*

Maestro	Animador	Liberador	Despertador	Luz
Calor	Fuerza	Vínculo de unión	Unción	Sello

Ser cristiano es ser orante. No es una obligación o una ley que se le impone; es una gracia, un don, una dicha, un privilegio que le engrandece. Dios en verdad se ha enamorado de la humanidad y ha querido vincularse con cada ser humano en una estrecha relación de ternura y cariño.

1 Necesitados de orar

Desde la eternidad Dios nos ha amado personalmente a cada uno; ha salido a nuestro encuentro para ofrecernos su amistad y caminar con nosotros.

> «El Dios vivo y verdadero llama incansablemente a cada persona al encuentro misterioso de la oración. Esta iniciativa de amor del Dios fiel es siempre lo primero en la oración; la actitud del hombre es siempre una respuesta» (*CEC* 2566). «Dios llama siempre a los hombres a orar» (*CEC* 2569).

Por eso ha sembrado en nosotros la necesidad, el deseo, la búsqueda de la oración. Y, así, la relación con Dios nos enriquece y nos ayuda a vivir con plenitud.

▶ *Recitamos todos juntos como oración los textos siguientes.*

Oración de un creyente anónimo

Como el aire que respiro, te necesito, Señor.
Como el agua para la planta que se agosta,
para el caminante sediento, para la tierra
en sequía, te necesito, Señor.
Como el sol para la sazón de cada fruto,
para la vida en el planeta, te necesito, Señor.
Como la savia y las raíces,
como la sangre que circula por las venas,
como los cimientos en la casa,
como el alimento y el vestido, te necesito, Señor.

Así oraban los hombres y mujeres de la Biblia

«Como busca la cierva corrientes de agua,
así mi alma te busca a ti, Dios mío;
mi alma tiene sed de Dios, del Dios vivo:
¿cuándo entraré a ver el rostro de Dios?»
(*Salmo* 42,2-3).

«Oh Dios, tú eres mi Dios, por ti madrugo,
mi alma está sedienta de ti;
mi carne tiene ansia de ti, como tierra reseca,
agostada, sin agua» (*Salmo* 63,2).

«¡Qué deseables son tus moradas, Señor del universo!
Mi alma se consume y anhela los atrios del Señor,
mi corazón y mi carne retozan por el Dios vivo»
(*Salmo* 84,2-3).

«Mi alma aguarda al Señor,
más que el centinela la aurora» (*Salmo* 130,6).

Así expresamos la dicha de poder orar con el Catecismo (2744)

«Nada vale como la oración: hace posible lo que es imposible,
fácil lo que es difícil... Es imposible que el hombre que ora
pueda pecar» (San Juan Crisóstomo).

2 Llamados a orar

Tenemos la dicha de ser convocados por el Padre a la oración cristiana, que «es comunión con Cristo y se extiende por la Iglesia que es su Cuerpo» (*CEC* 2565).

Formas y cualidades de la oración a la que somos llamados e invitados

En la Eucaristía se contienen y expresan todas estas formas de oración (*cf. CEC* 2643). Y el padrenuestro las compendia y las engloba a todas; por eso es «la más perfecta de todas las oraciones» (*CEC* 2774) y «la oración por excelencia de la Iglesia» (*CEC* 2776).

Adorarle como a Dios que crea

Bendecirle porque nos colma de bienes

Alabarle por lo que hace y lo que es

La oración cristiana

Agradecer su amor y los beneficios que nos da

Suplicar su ayuda y la venida del Reino

Pedir perdón por no responder a su amistad

Interceder por toda la humanidad

FORMAS DE ORACIÓN	1	2	3	4	
Súplica	80%	50%	70%	30%	
Acción de gracias	20%	20%	20%	20%	
Petición de perdón	0%	20%	10%	20%	
Intercesión	0%	10%	0%	20%	
Alabanza, adoración, bendición	0%	0%	0%	10%	
Total	100%	100%	100%	100%	100%

▶ *¿Cuál de estas cuatro variantes de formas de oración refleja mejor mi situación personal?*

▶ *En la última columna anoto mi proporción ideal.*

3 Capacitados para orar

Podemos orar porque, «mediante el Bautismo, nos hemos convertido en un mismo ser con Cristo» (*CEC* 2565). La oración no es más que expresar, poner en ejercicio lo que somos.

La oración a la luz del *Catecismo*

1. La oración supone esfuerzo pero no es una conquista exclusiva mía: es obra del Espíritu en mí.

2. Requiere concentración pero no es una técnica psicológica para llegar al vacío mental: es "recogerme" para encontrar al Dios que me habita.

3. Incluye palabras y gestos, pero no es un ceremonial externo: brota de las profundidades del alma e involucra la totalidad de mi ser.

4. Exige dejar por un momento ocupaciones, pero no es improductiva: dedicar tiempo a Dios me hace crecer.

5. Al orar quedo a solas conmigo mismo, pero no huyo de este mundo: en Dios descubro mi propia misión ante la historia.

6. La oración nace de la fe; puede entenderla el que solo cree en lo que ve o puede demostrarse por la ciencia.

7. La oración me pone en contacto con la Belleza de Dios; resulta absurda para quien busca únicamente lo rentable y placentero.

8. El que ora nunca olvida: «Sin mí, no podéis hacer nada» (Jn 15,5); por eso no oran los soberbios ni los autosuficientes.

▶ *Relaciono las orientaciones anteriores (cf. CEC 2702-2703, 27011, 2726-2727, 2732) con las siguientes* **condiciones para orar:**

> DISPONIBILIDAD   FE   SÚPLICA   RECOGIMIENTO   SILENCIO
> SOLEDAD   INTERIORIZACIÓN   HUMILDAD

▶ *¿Cuál de estas actitudes me parece más importante? ¿Cuál de ellas de me resulta más necesaria?*

4 Fortalecidos para orar

Siempre fue difícil orar, pero lo es más en el mundo en que vivimos. Es como un combate contra una serie de obstáculos (*cf. CEC 2725-2745*). Pero estamos asistidos por el Espíritu que nos atrae a la oración, nos sostiene y nos hacer perseverar en ella.

Dificultades en la oración

«Dejé la oración porque me parecía una pérdida de tiempo: pasaba el tiempo distraída, pensando en otra cosa; me daba cuenta y reconducía la atención, pero pronto volvían a la mente otras ideas e imágenes». (**María Dolores**)	«Tuve una vivencia muy bonita sobre la oración: sentía a Dios cerca en medio de una gran serenidad, paz, gozo interior. Seguí orando pero la emoción fue desapareciendo; me costaba, se me hacía largo el tiempo, no sentía nada, estaba como frío y seco por dentro. Y la dejé. Lástima que no durasen más tiempo aquellas dulces sensaciones». (**Juan**)
«Estoy decepcionada, tengo la sensación de no ser oída: he pedido tantas veces a Dios que volviese al buen camino a una persona muy querida y todo sigue igual». (**Ana**).	«Tengo miedo a la oración y la rehúyo: ante Dios me siento incómodo, como si me reprochara gastos, diversiones, relaciones, falta de solidaridad. No soy tan malo y Dios exige mucho». (**Juan Ignacio**)

Estas frases sobre la oración (*cf. CEC 2728-2729, 2733, 2737*) pueden ser la respuesta:

- ✓ «Es necesario luchar con humildad, confianza y perseverancia».
- ✓ «(Estar dispuesto) a ofrecerse al Señor para ser purificado».
- ✓ «Quien es humilde no se extraña de su miseria; esta le lleva a una mayor confianza, a mantenerse firme en la constancia».
- ✓ «Dios quiere nuestro bien, nuestra vida... Entremos en el deseo de su Espíritu y seremos escuchados».

▶ *Me centro en el significado de estas frases y las relaciono con las dificultades y tentaciones en la oración.*

Oramos con Cristo y como Cristo pero también con la Iglesia y como la Iglesia; porque ella es su Cuerpo y su prolongación viva en el mundo hasta el fin de los tiempos.

1 Distintas experiencias de oración

Cada persona siente a Dios cercano en distintas circunstancias o espacios: al amanecer, a la puesta del sol o en plena noche, en el silencio de una iglesia vacía o en medio de una procesión multitudinaria que canta y aclama al Señor.

«No puedo orar cuando la gente me apretuja en las celebraciones de los templos. Necesito soledad y silencio, estar a solas conmigo misma, contemplando un paisaje o escuchando una melodía sosegada». (**Luisa**)	«Es inolvidable la experiencia de Taizé: miles de jóvenes, sentados en el suelo, orábamos cantando de forma repetitiva pequeños estribillos y contemplando iconos orientales. Un ambiente sublime y casi celestial». (**Jaime**)
«Recuerdo aquellas Eucaristías participativas, alrededor del altar, con cantos juveniles acompañados con la guitarra; interveníamos con súplicas espontáneas, ofrendas, gestos cargados de sentido». (**Juan**)	«Frecuentemente entro en una iglesia vacía y oscura, me siento en un banco y me desahogo con Dios contemplando el Sagrario iluminado por la luz parpadeante del cirio». (**Mercedes**)
«Pertenecía a un grupo que semanalmente nos reuníamos para orar en una salita decorada y ambientada por nosotros. Allí, con la música, las imágenes, la participación de todos, se creaba un clima especial que invitaba a sentirnos cerca de Dios y a comunicarnos con Él». (**Paula**)	

▶ *Analizamos y valoramos estas distintas experiencias, calificando las opiniones siguientes como verdaderas (V), falsas (F) o verdadera con reparos (Cr).*

Opiniones	V	F	Cr
«*La oración es muy personal y cada uno debe elegir el lugar y modo que mejor le vaya*».			
«*Estas experiencias no deben ser excluyentes: el que solo ora de esa manera, no hace verdadera oración*».			
«*Hacen falta momentos de oración individual y de oración comunitaria, sin excluir ninguna de las dos*».			

«Que cada uno elija lugares y celebraciones que le ayuden a orar y deje aquellas que "no le dicen nada"».		
«Hay que aprender a orar según el estilo de Jesús, que se prolonga y sigue vivo en su Iglesia».		

2 Orar en la Iglesia y con la Iglesia

La oración no es un invento nuestro sino un regalo de Jesús, que ha entregado a la Iglesia para que la viva y la difunda.

- **La Iglesia ora como Cuerpo de Cristo, animada por el Espíritu**

  Cristo, Cabeza de la Iglesia, la anima en su vida de oración (*cf. CEC* 2565). El mismo Espíritu que daba forma a la oración de Jesús, instruye e impulsa a la Iglesia a orar con Jesús y como Jesús (*cf. CEC* 2623, 2650, 2670, 2672). En definitiva: es Cristo quien ora en la Iglesia.

- **La Iglesia ora en la Liturgia y por medio de la Liturgia**

  Toda la actividad de la Iglesia es gloria y alabanza a Dios, pero de forma específica la Liturgia: en ella se hace presente el Jesús orante. Realmente la Liturgia es «participación en la oración de Cristo» y «fuente y término» de toda oración cristiana (*cf. CEC* 1073).

- **La Iglesia ora ante todo y sobre todo en la Eucaristía**

  La Eucaristía es la fuente y la cumbre de toda la liturgia y de toda la actividad de la Iglesia: en ella está presente Cristo mismo, nuestra Pascua. Incluye todas las formas de oración:

  - **Es bendición y acción de gracias** a Dios por «todo lo que ha hecho de bueno, de bello y de justo en la creación y en la humanidad» (*CEC* 1359), por «todo lo que ha realizado mediante la creación, la redención y la santificación» (*CEC* 1360).

  - **Es ofrenda y entrega** de la propia vida al Padre con Jesús y como Jesús; es también súplica para que los dones de Dios den fruto en la Iglesia, en cada cristiano y en el mundo entero (*cf. CEC* 1083).

- **La Iglesia ora a María y con María**

  Ora a la Madre con el avemaría y el santo rosario y le confía «las súplicas y alabanzas de los hijos de Dios» (*CEC* 2675; *cf. CEC* 2676- 2678). Ora como María, «la orante perfecta, figura de la Iglesia» (*cf. CEC* 2679), y le dice al Padre: «Hágase en mí según tu palabra», que significa «ser todo de Él, ya que Él es todo nuestro» (*CEC* 2617).

▶ *Teniendo en cuenta lo anterior, analizamos y respondemos a estas afirmaciones:*

«Yo, para hablar con Dios, no necesito de la Iglesia; puedo hacerlo por mi cuenta y Él me escucha como si lo hiciera en la Iglesia y según manda la Iglesia».	*«A mí la misa en la parroquia no me dice nada ni me ayuda a encontrarme con Dios, por eso no voy nunca. Me da más devoción visitar el santuario a donde iba con mis padres de pequeño».*	*«No suelo ir a la iglesia durante el año pero no falto a la fiesta de la patrona: me emociona contemplar su imagen e ir a su lado en la procesión».*

3 Orar con la Iglesia en todo tiempo

La resurrección de Cristo transforma el tiempo y la historia; es como «una poderosa energía», que «penetra en nuestro viejo tiempo» (*cf. CEC* 1169). La celebración anual de este acontecimiento y la Eucaristía de cada día transfiguran el año entero, con sus meses, semanas y días y también la historia de las personas (*cf. CEC* 1168).

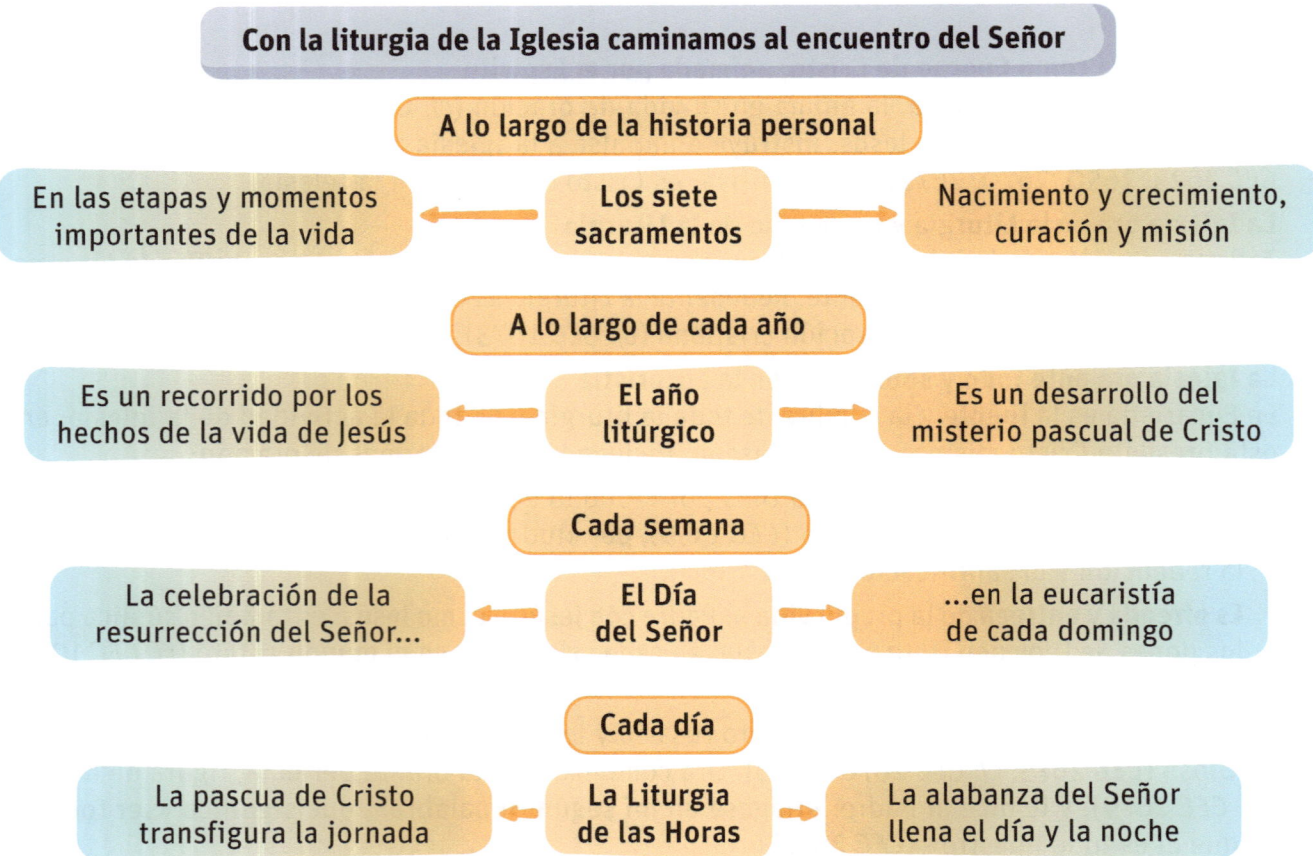

Con la liturgia de la Iglesia caminamos al encuentro del Señor

A lo largo de la historia personal

En las etapas y momentos importantes de la vida ← **Los siete sacramentos** → Nacimiento y crecimiento, curación y misión

A lo largo de cada año

Es un recorrido por los hechos de la vida de Jesús ← **El año litúrgico** → Es un desarrollo del misterio pascual de Cristo

Cada semana

La celebración de la resurrección del Señor... ← **El Día del Señor** → ...en la eucaristía de cada domingo

Cada día

La pascua de Cristo transfigura la jornada ← **La Liturgia de las Horas** → La alabanza del Señor llena el día y la noche

▶ *Teniendo en cuenta el cuadro anterior, analizamos y respondemos a estas afirmaciones:*

«Yo he recibido todos los sacramentos, me he casado por la Iglesia; trataré de que mis hijos también lo hagan. Durante algún tiempo me confesaba una vez al año y comulgaba, pero eso lo he ido dejando. Pero la misa de Navidad y de Pascua son sagradas para mí: trato de no faltar nunca».

«Yo soy practicante y participo en la misa del domingo y en todas las celebraciones de la parroquia. Pero durante la semana no logro hacer tiempo para dedicar a Dios; antes rezaba el rosario bastantes días pero he ido perdiendo la costumbre».

«He participado en un monasterio en la Liturgia de las Horas, concretamente en Vísperas un domingo por la tarde. Me ha encantado la celebración y he prometido volver. No estaría mal que alguna vez se hiciera en la parroquia».

4 Orar con la Iglesia en el "hoy" a la luz de la Palabra

También la Iglesia ora a partir de la vida, de los acontecimientos del momento presente, porque en ellos el «Espíritu se nos ofrece para que brote la oración» (*CEC* 2659). Cuando establecemos un diálogo entre el «hoy» y la Palabra de Dios, los hechos de vida se iluminan, se vislumbra el paso de Dios a nuestro lado y somos invitados a orar:

- Hablamos con Dios y le escuchamos, le preguntamos qué hacer ante los distintos «movimientos que agitan el corazón» (*cf. CEC* 2706).

- «Impregnamos de oración las humildes situaciones cotidianas» (*cf. CEC* 2660) e imploramos «que la venida del Reino de justicia y de paz influya en la marcha de la historia» (*cf. CEC* 2660).

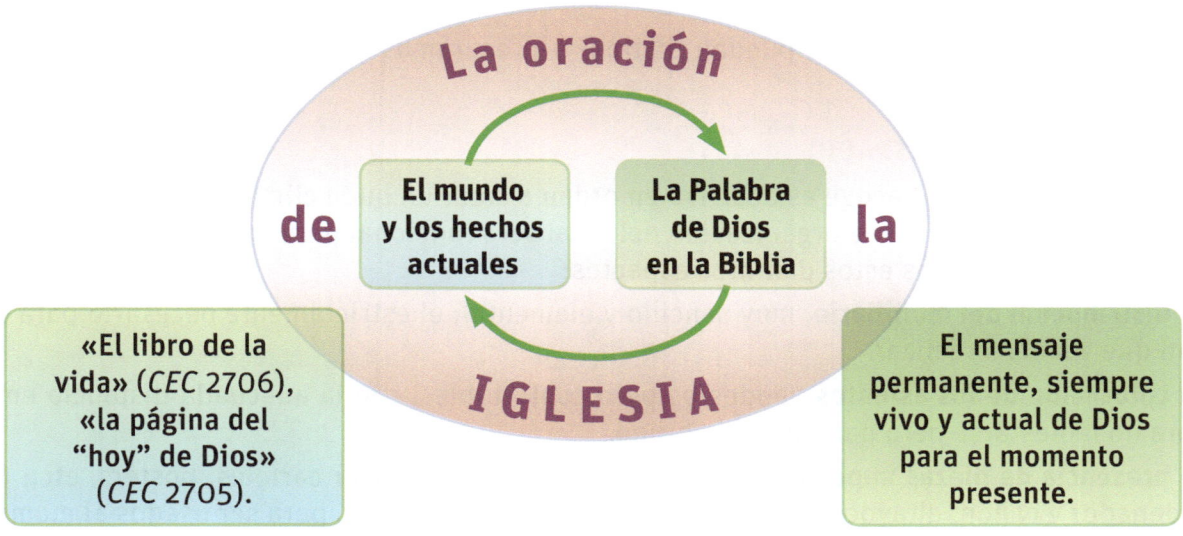

▶ *Leemos este gráfico y tratamos de entenderlo. Observamos si refleja bien el texto anterior.*

▶ *Respondemos a esta afirmación: «La Iglesia no es dueña de la Biblia. Dios puede hablar a cualquier persona que la lea, aunque no sea católico».*

La iniciación en el orar cristiano es una apuesta urgente en catequesis: es necesaria la ayuda del Espíritu pero también el despliegue de medios y creatividad. La oración requiere ante todo actitudes interiores, pero un buen clima y ambiente exterior contribuye enormemente a despertarlas.

1 El lugar y el espacio para orar

El que está iniciado en la oración habla con Dios en todo tiempo y lugar, pero el que comienza a dar los primeros pasos necesita un clima que invite a la concentración, al silencio, a la interioridad. Por eso elegimos y cuidamos el lugar y las condiciones que puedan favorecerlo.

1. LA ELECCIÓN DEL LUGAR

No es indiferente la infraestructura, ni la temperatura, ni la ausencia de ruidos, ni el tamaño del local, ni tampoco la comunicación con el exterior.

Evitamos elementos exteriores que puedan distraer y procuramos un espacio cálido, suficientemente cómodo y confortable.

2. LA ORGANIZACIÓN DEL ESPACIO

El aspecto del lugar que nos acoge es decisivo en orden a crear un buen clima desde el comienzo mismo de la reunión. La configuración y organización del local será funcional pero con un toque de buen gusto, armonía y belleza. Cuidamos estos distintos aspectos:

- **La distribución del mobiliario**, muy sencillo y elemental: el estrictamente necesario para la actividad que vamos a realizar.
- **La colocación de los asientos**, modestos pero confortables, con la adecuada distancia entre ellos para no molestarse pero para sentirse grupo.
- **La presencia de piezas importantes**: pizarra, trípode para apoyar carteles, posters, etc.; pantalla, ordenador y cañón, altavoces, dispuestos con orden y discreción, para ser usados al momento.
- **La creación de distintos ambientes o rincones** dentro del mismo local en torno a imágenes, objetos, cuadros... (cruz, Biblia, cuadro con rostro de Jesús, imagen de María), que en algún momento cobran protagonismo a través de la iluminación.

3. LA AMBIENTACIÓN Y DECORACIÓN

La misma estancia con su distribución y decoración debe emitir un mensaje acorde con la actividad que en ella va a desarrollarse. La vista, el oído y el olfato de quien entra, debiera experimentar sensaciones de bienestar, sosiego, apacibilidad, que le introdujesen en un clima orante y celebrativo.

Destacamos tres niveles:

- **La decoración** de las paredes, el techo, el suelo: imágenes y colores (cuadros, carteles, figuras geométricas, objetos, símbolos).

- **La ambientación audiovisual:** canciones, música instrumental, audición de efectos, sonidos de la naturaleza, ruidos, armónicos; diapositivas, videos, sombras, siluetas, efectos luminosos.

- **La iluminación** general y de los distintos rincones permite distinguir momentos (la atención hacia el exterior o hacia el interior de la persona), orientar la mirada, concentrar la atención en puntos, objetos o ambientes determinados.

▶ *Analizamos estas opiniones a la luz de lo expuesto:*

«No hay nada como el aire libre, la naturaleza o la noche alrededor del fuego cantando y moviéndose».	*«Me gusta lo de las nuevas tecnologías y los distintos ambientes pero prefiero la alfombra con cojines y posturas variadas».*	*«Me encanta la penumbra para orar y la música suave; es mi decorado favorito».*

2 La mediación del catequista

Los que hoy vivimos la amistad con Dios, hemos hecho un largo camino, acompañados por mediadores que nos han seguido paso a paso en todas las etapas y momentos.

1. CONFIAR QUE ES POSIBLE EL ENCUENTRO CON DIOS

Parece una empresa inalcanzable en los tiempos actuales, pero no puede acometerse sin esta certeza: Alguien nos asiste en el empeño.

Concretamos acciones bien sencillas:

- **Confiar en Dios y en la fuerza de su Espíritu:** «Dios actúa misteriosamente en el corazón del hombre, incluso antes de que sea explícitamente alcanzado por el Evangelio» (*DC* 50). «El Espíritu Santo sigue suscitando en los hombres una sed de Dios» (*DC* 38).

- **Suplicar al Espíritu nueva audacia y creatividad** para idear ofertas sugerentes. Como suplicaba aquel catequista: «Que al oírme puedan contestar: "Es verdad, me conviene orar, es mi gran ocasión de hacer de mi vida algo grande. No puedo perder la oportunidad que se me brinda"».

▶ *Hay quien dice: «Esto es creer lo imposible, esperar contra toda esperanza». ¿Qué pensamos nosotros?*

2. HACER UNA PROPUESTA EN VERDAD MOTIVADORA

El paso primero y más decisivo es lograr que el interlocutor quiera de verdad entrar en relación con Dios. ¿Qué motivos podría darle para que, de forma personal y libre, se decida a orar?

> Con la acción motivadora se pretende que el interlocutor de catequesis descubra que **la oración es algo bueno, bello, deseable,** que llena el corazón y la vida entera de alegría (*cf. DC* 41, 84, 161), capaz de colmar a la persona «de un nuevo resplandor y de un gozo profundo» (*DC* 175).

He aquí algunas sencillas sugerencias:

1. **Comunicar la propia experiencia de oración** y lo que significa y aporta a la persona: «Comunicar la alegría de haber encontrado al Señor» (*DC* 68), «como quien señala un horizonte bello, ofrece un banquete deseable» (*DC* 41).

2. **Escuchar de forma empática al interlocutor** para llegar a descubrir «lo que el Espíritu Santo ya está realizando en silencio» (*DC* 197), para plantear desde ahí el camino de la oración.

3. **Presentar testimonios de cristianos orantes:** «(Estos) dan testimonio, incluso sin palabras, de la alegría del Evangelio, lo cual es capaz de suscitar interrogantes» (*DC* 33; *cf. DC* 31). Los testigos son los que «tocan y conmueven al interlocutor» (*DC* 58).

   He aquí algunos caminos para contactar con testimonios de oración:

   - **Contemplar a los santos orantes:** Textos, hechos de vida testimonios (Teresa de Ávila, Bernardo de Claraval, Teresita de Lisieux, Rafael Arnáiz...).

   - **Visitar algún monasterio** y participar en la oración de la comunidad, escuchar la experiencia de alguno de los monjes.

   - **Participar en vigilias de oración** de grupos de cristianos especialmente cuidadas y participadas.

   - **Asistir a algún santuario** especialmente concurrido y observar el ambiente y los gestos de oración tan sinceros.

   - **Preguntar a los cristianos sencillos** de la parroquia y escuchar de ellos cómo oran y qué les aporta la oración.

▶ *También en esto hay experiencias muy variadas. ¿Cuáles son las nuestras?*

3. CREAR UN CLIMA DE SILENCIO E INTERIORIDAD

Dios hace sentir su llamada a través de muchos medios (*cf. DC* 198, 252, 370, 382-383). Pero es necesario hacer silencio, entrar en nuestra «verdadera casa», en el corazón, donde Él nos espera.

1. **El silencio exterior:** la ausencia de ruidos, la relajación del cuerpo, buscando la postura justa, equilibrada, sin tensiones, que ayude a no moverse, «que no distraiga ni amodorre».

2. **La ambientación sonora y visual:** el fondo musical, los ruidos apacibles y relajantes de la naturaleza, algunas imágenes que no exijan demasiada concentración.

3. **La sensación de armonía:** con la mente, sentimientos y emociones sosegados, con los ojos entreabiertos para «ver sin mirar», sintiendo el propio cuerpo como un «sonido agradable que nos llena».

4. **La apertura de la interioridad:** contemplar la belleza, que eleva el alma, toca el corazón, abre a la dimensión transcendente (*cf. DC* 5, 105-109, 209-211), permite aflorar el yo profundo. Puede ser útil el lenguaje audiovisual relajante:

   - La música instrumental, alguna canción que invite al recogimiento y a la interiorización.
   - El visionado de escenas bellas de la naturaleza, del arte, de las relaciones humanas.
   - La audición de una banda sonora que incluya música de fondo con recitado de frases breves, poemas, noticias, testimonios.

5. **El silencio interior:** al silencio ambiental y de los sentidos sigue el silencio de la imaginación y la mente, que se desliga de toda imagen e idea para pensar solo en Dios. Puede ayudar:

   - **Centrarse en la respiración** como si se tratase de la obra de Dios en nosotros, como un recibirle a través de la inspiración y un darlo a través de la espiración.
   - **Silenciar lo que nos impide contemplar a Dios;** si nos damos cuenta de que estamos distraídos, reconducimos con serenidad nuestro pensamiento hacia Dios.

▶ *Siguiendo estas pautas, programamos un acto de catequesis destinado a crear un clima de silencio, partiendo del exterior para llegar al interior. ¿Qué actividades proponemos? ¿Qué canciones, fragmentos musicales, videos, diapositivas utilizaríamos?*

«ENSÉÑANOS A ORAR»

La oración es don de Dios que se acepta en gratitud y libertad. El catequizando es el verdadero protagonista en el aprendizaje del orar: ha de vivir en primera persona esa experiencia. El catequista será el mediador, el facilitador que hace posible el encuentro entre el catequizando y su Señor.

1 Tareas del catequista mediador

La gran tarea del catequista consiste en crear las condiciones para que sus interlocutores vivan la experiencia de sentirse contemplados y escuchados por Dios. Apuntamos algunos pasos a dar en esta dirección.

1. INVITAR A ESCUCHAR LA VOZ DE DIOS Y A RESPONDERLE

La voz del Señor es constante pero apenas perceptible; una vez acalladas otras voces más ruidosas, sin nada que ocupe la imaginación y la mente, hacemos nuestras las indicaciones del catequista:

1. Escuchar únicamente la voz del Señor, que nos habla sin palabras al oído:

 - «Conozco tu nombre y tus gustos peculiares».
 - «Pienso en ti y te quiero desde siempre».
 - «Te miro con cariño. Eres muy importante para mí».
 - «Voy siempre contigo y nunca me olvido de ti».
 - «Te conozco por dentro y estoy atento a lo que haces».
 - «Te escucho atentamente y te hablo al corazón».
 - «Te acepto como eres y soy feliz de tenerte como amigo».
 - «Te comprendo y nunca me cansaré de perdonarte».

▶ *¿Somos conscientes de que Dios nos dirige a cada uno y en todo momento estas palabras tiernas y cariñosas? Valora estas respuestas:*

Casi nunca me acuerdo.	Me dan paz y alegría	Debería oírlas todos los días	Me provocan remordimientos

2. Sentir la compañía cariñosa del Señor, que nos abraza y nos invita a pasar con Él una «una agradable y apacible velada»; su amor es como una atmósfera deliciosa que nos envuelve y acaricia.

- **Tratar de vernos a vosotros mismos:**
  - ✓ Envueltos en la presencia dulce y apacible del Dios que nos ama.
  - ✓ Rodeados por el inmenso cariño del Padre que nos guía y nos cuida.
  - ✓ Confortados por la compañía de un Amigo que nos comprende.
  - ✓ Animados por la fuerza saludable de un Compañero invisible.

- **Decir al Dios que nos quiere y está a nuestro lado:**
  «Tu compañía es para mí como...»

  - ◇ Una suave brisa en mi rostro en una tarde calurosa de verano.
  - ◇ El dulce baño de los rayos del sol en mi cuerpo aterido por el frío.
  - ◇ El correr del agua tibia en mis brazos sudorosos y cansados.
  - ◇ La mirada tierna y la palabra cálida que perfuma el alma.
  - ◇ La mano que se posa sobre el hombro cuando sangran mis heridas.

  «Ante ti me siento como un niño que revive escenas entrañables...»

  - ✓ Dormir de forma apacible en los brazos de alguien que me quiere más que a nada en el mundo.
  - ✓ Correr al encuentro y abrazar entre risas y alegría a la persona que nunca deja de pensar en mí.
  - ✓ Escuchar las «Buenas noches» y despedir el día con un beso de quien me arropa y vela mi sueño sin cesar.

3. **Hablarle con confianza:** contarle lo que sentimos en este momento: deseos, preocupaciones, proyectos, necesidades... Podemos hablarle con todo el cuerpo de forma que «toda la persona rece al unísono»:
   - ✓ ¿Qué palabras o frases quiero dirigirle?
   - ✓ ¿Qué mensaje escrito me gustaría mandarle?
   - ✓ ¿Recuerdo alguna canción apropiada para este momento?
   - ✓ ¿Se me ocurren gestos o movimientos que expresen lo que siento?

▶ *Estos dos últimos apartados están destinados a convertirlos en oración. Los leemos en silencio, subrayamos lo más significativo y lo compartimos con el grupo.*

2. INVITAR A ESCUCHAR Y ACOGER LA PALABRA DE DIOS

La voz de la Biblia es siempre garantía de que el mensaje genuino de Dios llega con fuerza al interior de cada persona. Por eso le damos un espacio amplio y prioritario. Marcamos un proceso en cuatro etapas:

1. *Nos preparamos*
   - Nos disponemos a escuchar a Dios y el mensaje que quiere comunicar a cada uno.
   - Para comprender el texto bíblico, lo situamos en el contexto en que nació e intentamos descubrir la intencionalidad de su autor.

2. *Proclamamos la Palabra de Dios*

Es un momento solemne; por eso damos realce a cada acto que realizamos:

- El lector toma la Biblia del lugar en que se encuentra y la trae en procesión hasta el ambón. Puede incluso ir revestido con el alba.

- Se abre la Biblia, se levanta para mostrarla y reverenciarla. Se proclama en alta voz, despacio, con énfasis pero con naturalidad. Escuchamos de pie.

- Al final el lector besa la Biblia y la lleva en procesión a su lugar. Podemos besarla todos, saludarle con una inclinación o concluir con un canto sencillo o una frase breve recitada.

- Pueden dar relieve a este momento otros gestos complementarios: los cirios encendidos, el toque de la campanilla, acompañar con la cruz... Cabe el recurso a las posturas corporales (de rodillas, de pie, genuflexión), gestos con las manos (derechas, abiertas, levantadas, aplaudiendo), ojos cerrados. Es también expresiva la lectura dramatizada del texto bíblico con narrador y otros lectores que pongan voz a los personajes que intervienen.

3. *Interiorizamos la Palabra proclamada*

Sentados y en silencio, recordamos, releemos, subrayamos palabras o frases, expresamos resumido el mensaje que creemos que Dios nos envía a cada uno. Es un momento de oración en el que pedimos que Dios nos hable y nos comunique sus deseos.

4. *Ponemos en común nuestra reflexión personal*

Compartimos con el grupo los sentimientos vividos, las ideas recibidas, las llamadas de Dios. Escuchamos con atención lo que los otros miembros comunican, porque también a través de ellos Dios puede hablarnos. Este intercambio de experiencias puede hacerse de palabra como también por escrito o usando el lenguaje de la imagen, del gesto o de la música.

▶ *Programamos para nuestro grupo de catequesis un encuentro de oración en torno a la Palabra de Dios, siguiendo los pasos indicados.*

2 Alimentar y sostener los momentos de oración

No se trata de orar en momentos puntuales sino de adquirir el hábito de dedicar un tiempo cada día a la oración. El catequista necesita echar mano de su arsenal de recursos.

1. LENGUAJE EN QUE EXPRESAR LA ORACIÓN

- **Lenguaje oral y escrito:** salmos, oraciones, poemas, testimonios, narraciones, cuestionario con momentos de silencio, noticias...

- **Lenguaje audiovisual:** imágenes, canciones, música, ruidos, relatos, montajes audiovisuales, videos, pódcast...

- **Lenguaje del gesto:** genuflexión, inclinación, postración, saludo, beso, aplauso, distintas posturas del cuerpo y de las manos...
- **Lenguaje de la fantasía:** viaje por las maravillas de la naturaleza, recorrido por las calles de la ciudad, telediarios y noticieros...

2. RECURSOS QUE UTILIZAR EN LA ORACIÓN

Recursos eclesiales

- **Orar en torno a la Palabra de Dios**, a través de la lectura contemplativa de la Biblia (*Lectio divina*), o con los Salmos «rezándolos en referencia a Cristo y viendo su cumplimiento en Él» (*CEC* 2597; *cf. CEC* 2589).

- **Orar en torno al Santísimo Sacramento**, practicando «la adoración silenciosa» del Señor presente en el sagrario (*cf. CEC* 1379), la exposición o procesión para rendirle así un sincero homenaje.

- **Orar en torno al templo**, su estructura y decoración: sus espacios, retablos e imágenes. El templo «prolonga e interioriza la gran plegaria de la Eucaristía» (*CEC* 1186).

- **Orar en torno a las expresiones de la fe**: «Los textos litúrgicos, escritos de los Padres espirituales, obras de espiritualidad» (*CEC* 2705), las imágenes sagradas (*cf. CEC* 2705), la música con su belleza expresiva (*cf. CEC* 1157).

- **Orar en torno al padrenuestro**, la «oración fundamental» y «el resumen de todo el Evangelio» (*cf. CEC* 2761), «la más perfecta de las oraciones» (*CEC* 2763).

Recursos que la vida diaria nos ofrece

- **La naturaleza:** un viaje real o virtual en el que el catequista nos ayuda a explorar, ver los detalles, contemplar, admirar y asombrarnos, cantar la bondad y la belleza del Creador.

- **El acontecer diario:** un paseo por las calles, los parques y establecimientos de la ciudad, de la mano del catequista que estimula la atención, llama a profundizar en lo que vemos, a descubrir ecos y destellos de la ternura entrañable de Dios.

- **Los acontecimientos noticiables:** un recorrido por los periódicos, acompañados por el catequista, que nos impulsa a ir al fondo de los hechos, sus causas y consecuencias, a plantearnos preguntas, a escuchar las llamadas de Dios.

▶ *Programamos para nuestro grupo de catequesis un encuentro de oración eligiendo alguno de los recursos que aquí se ofrecen.*

ORAR CON UN SALMO Y UNA CANCIÓN

El salmo 139 expresa lo que es vivir en clima permanente de oración, vivir en presencia del Señor. Recitarlo puede ser un medio para aprender a orar como Jesús; comprender y vivir su contenido podrá ayudarnos a saber lo que es orar y a ser orantes de verdad.

Tú me examinas y me conoces

Señor, tú me examinas y me conoces.
Me conoces cuando me siento o me levanto,
de lejos penetras mis pensamientos;
distingues mi camino y mi descanso,
todas mis sendas te son familiares.

No ha llegado la palabra a mi lengua, y ya, Señor, te la sabes toda.
Me envuelves por detrás y por delante, y tus manos me protegen.

Te doy gracias porque son admirables tus obras:
Tú conoces lo profundo de mi ser, nada mío te es desconocido.

Salmo 139,1-5.14-15

Esta canción proclama la presencia y la compañía de Dios. La buscamos y escuchamos después de crear silencio exterior e interior y de disponernos para potenciar la apertura a la profundidad.

Tú estás aquí

Aunque mis ojos no te puedan ver,
Te puedo sentir, sé que estás aquí.
Aunque mis manos no pueden tocar
tu rostro, Señor, sé que estás aquí.

Mi corazón puede sentir tu presencia.
Tú estás aquí, tú estás aquí.
Puedo sentir tu majestad.
Tú estás aquí, tú estás aquí.

Mi corazón, puede mirar tu hermosura.
Tú estás aquí, tú estás aquí.
Puedo sentir tu gran amor.
Tú estás aquí, tú estás aquí.

Tú estás aquí, tú estás aquí.
Me deleito en ti, Jesús y en tu presencia,
me deleito en ti y en tu gran amor.
Tú estás aquí, tú estás aquí...

**Jesús Adrián Romero,
Marcela Gándara**

▶ Escuchar la canción en
www.e-sm.net/224664